MANDELA

Texto: Alain Serres

MANDELA
o africano de todas as cores

Desenhos: Zaü

Tradução: André Telles

pequena zahar

No auge do verão de 1918, nasce um menino na aldeia de Mvezo.
Seus pais irão chamá-lo Rolihlahla.

Ele não demora a pastorear carneiros
ou a cortar galhos para ser o rei do arremesso de bastão.
Rolihlahla ama seus numerosos primos como irmãos.
Gosta de derreter o quibebe de abóbora na boca
e fazer graça dos cabelos brancos do pai
cobrindo a cabeça com as cinzas do borralho!
Mas o que Rolihlahla gosta mesmo é de beber nas tetas das vacas.
Nas verdes colinas da África do Sul,
o leite das pastagens tem o gosto doce da liberdade.

Pescar uma truta, encontrar o gerânio curativo,
tudo parece simples para Rolihlahla.
Não admira que seja a primeira criança da aldeia a ser matriculada na escola.
Desse dia em diante, porém, tudo mudará para ele, até o seu nome,
que a professora lhe pede para esquecer.

É que, há mais de dois séculos, europeus brancos
são os senhores do país, impondo suas leis e religião.

Logo no primeiro dia de aula, um nome cristão
e britânico é atribuído a Rolihlahla: Nelson!

O pequeno Nelson Mandela é um aluno aplicado.
Aprende rápido e bem.

Ele agora gosta de conversar até tarde com os adultos, de escutá-los decidir juntos as regras da aldeia. Discussões serenas, sem vencedor ou perdedor. Nelson quer estudar até a universidade, para mais tarde não ter de trabalhar nas minas de ouro dos brancos. Para ele, estudar tem um maravilhoso gosto de liberdade, igual ao leite das pastagens.

E quando, um dia, querem obrigar a ele e seu primo Justice a casar com moças que eles nem sequer conhecem, os dois preferem fugir para a liberdade...

Joanesburgo é imensa. Dia e noite a cidade vibra. Em suas cercanias, debaixo da terra, há muito ouro, diamantes, tesouros que geram sofrimento para milhares de mineiros negros. É uma vida mansa para algumas centenas de brancos, que têm carros, jóias, e olhares que afrontam.

Nelson e Justice são contratados para trabalhar numa mina. Porém, como sabem ler, evitam as galerias escuras e perigosas. Eles trabalham na segurança. Sentem-se imediatamente irmãos dos que se esfalfam, subindo carrinhos três vezes mais pesados que seu próprio corpo.

Um novo emprego para Nelson, num escritório do centro da cidade.
Novos conhecidos também: Walter Sisulu e Oliver Tambo,
que permanecerão seus melhores amigos pelo resto da vida.
Mas sempre o mesmo quartinho na *township* Alexandra,
uma favela onde vivem milhares de famílias negras.
Até tarde da noite, Nelson reaproveita tocos de velas
para poder estudar mais, conhecer tudo das leis
e um dia, quem sabe, mudá-las.

Certa manhã de agosto de 1943, os moradores de Alexandra
pela primeira vez ousam protestar.
São 10 mil marchando unidos contra o aumento
do preço da passagem do ônibus que os leva para o trabalho.
Nelson está com eles. Repetem a mesma coisa nas manhãs seguintes.
No 9º dia, finalmente, conseguem a vitória!

Depois da esperança, contudo, vem o medo.
Em 1948, um partido racista chega ao poder e proíbe
aos negros, mestiços e indianos que frequentem escolas, hospitais
e ônibus reservados exclusivamente aos brancos: "*White only*".
Um passaporte interno também é adotado, para limitar os deslocamentos dos negros.
É o *apartheid*, um sistema que separa os sul-africanos segundo a cor da sua pele.
Para alguns: poder e opulência; para a imensa maioria: humilhação e pobreza.

BAR
WHITE ONLY

Mandela, Sisulu e Tambo acham que, sozinhos,
jamais conseguirão mudar o país.
Há muito tempo uma grande organização vem se preocupando
com a sorte dos negros: o CNA (Congresso Nacional Africano).
Os três amigos sonham que o CNA vai crescer,
e se tornar mais forte para libertar
a África do Sul do ódio racial.

Eles organizam um protesto não violento:
manifestações de jovens diante dos postos de saúde
proibidos aos negros, greves, ocupações
de ônibus reservados aos brancos...

Em 21 de março de 1960, na favela de Sharpeville,
69 negros que se manifestam pacificamente
são mortos pela polícia. A maioria com uma bala nas costas.
Nelson Mandela fica horrorizado.
Ele detesta, rejeita, combate a violência.
Só acredita na força das palavras e das ideias,
nas longas discussões em que todos são escutados.
Porém, na noite do massacre, é grande sua revolta...

Como ficar parado quando o inimigo, que representa a Lei, prefere derramar o sangue dos inocentes? Mandela e seus companheiros, que agora dirigem o CNA, julgam não ter outra escolha a não ser usar, também eles, a pólvora. Mandela adverte: “Mas nunca teremos como alvo uma vida humana!”

À noite, estacionados em frente a locais simbólicos só para brancos como o "White Hospital", carros explodem. Bombas acordam os bairros brancos. Inevitavelmente, há mortos. Brancos e negros.

O CNA é interditado e seus militantes são perseguidos. Nelson Mandela dorme cada noite num lugar diferente; ele deve permanecer invisível. Mesmo quando vai buscar apoio no estrangeiro.

Ao longo de todas essas lutas, Nelson também construiu uma vida pessoal. Casou-se duas vezes e teve seis filhos. À noite, em seus esconderijos, teme por eles e por Winnie, sua esposa, que ele ama com a mesma intensidade de seu grande sonho de igualdade entre negros e brancos.

Em 1961, os serviços secretos americanos da CIA terminam por identificar Mandela sob um disfarce de motorista particular a serviço... de um amigo branco. A polícia sul-africana é avisada.

1962

Em 5 de agosto de 1962, Nelson Mandela é preso. Por incitar à greve e deixar o país sem autorização, é condenado a 5 anos de prisão por um tribunal formado exclusivamente de brancos.

5 anos para dobrar Nelson Mandela. Para dissuadir os negros de continuar sua luta. Do lado de fora, porém, a indignação se espalha. Bombas caseiras incendeiam os novos prédios oficiais, que ostentam o aviso "Reservado aos brancos", bem como quartéis e delegacias... Mandela, mais firme que os muros de sua prisão, jura nunca desistir.

1963

1964

Mandela passa por um novo julgamento. É indiciado por 156 atentados, que aconteceram... enquanto estava preso. Ele declara que está pronto para morrer pela democracia, por um país onde negros e brancos, mestiços e indianos vivam, finalmente, em igualdade de direitos. Com outros sete militantes, entre eles seu amigo Walter Sisulu, Nelson Mandela é condenado à prisão perpétua.

Aos 46 anos, torna-se, pelo resto da vida, o número 46664. O 466º prisioneiro do ano 64.

1965

3 metros por 3.
6 barras.
1 esteira no chão.
3 cobertores.
1 balde como latrina.
Sua tampa virada que serve de pia para se lavar.
Mandela e seis companheiros, todos negros, estão confinados no velho presídio da ilha Robben, ao largo do litoral da Cidade do Cabo. Tempos atrás, o local era usado para isolar os leprosos.

O 8º condenado, por sua vez, é um militante branco, pois há brancos, poucos é verdade, lutando ao lado dos negros. Ele vai cumprir sua pena em Pretória, a capital. Mesmo atrás dos muros da prisão, o racismo continua a erguer muros entre os homens.

1966

Todos os dias, eles têm de acordar às 5h30 da manhã. Limpar a cela. Comer mingau frio. Não pensar nos milhares de dias pela frente. Relógios são proibidos. Diariamente, durante longas horas, eles têm de quebrar pedras, fazer paralelepípedos e cascalho. Sentados no pátio, levantar e deixar cair um pesado martelo. Recomeçar porque são obrigados a recomeçar. Calar-se porque são obrigados a se calar.

1967

Mais um ano.
Agora, é numa grande
pedreira de calcário que Mandela
é obrigado a quebrar pedras,
os olhos ofuscados pela brancura
das paredes. Erguer e deixar cair
uma pesada picareta.
Recomeçar.
Calar-se porque
os guardas têm cães.

Algumas raras notícias do exterior marcam o tempo. Os prisioneiros ficam sabendo que o presidente do CNA morreu. Desolados, conseguem organizar uma pequena cerimônia. Um buquê de silêncios em sua homenagem.

1968

Ao meio-dia, é hora de procurar uma sombra, comer sem demora o milho e o arroz cozidos. Só os prisioneiros mestiços e indianos têm direito a pão.

Em seguida, voltar ao quebra-pedra. Bater sem parar dá tempo para pensar. Mandela pensa na mulher: corre o boato de que Winnie acaba de ser detida, na presença de sua filha Zindzi. Pensa no líder negro Martin Luther King, que acaba de ser assassinado nos Estados Unidos. Pensa na mãe, que acaba de morrer, e na última homenagem que ele não está autorizado a lhe prestar.

1969

Às 18 horas, diariamente, Nelson Mandela fica sozinho em sua cela, até as 5h30 do dia seguinte.
3 metros por 3.
6 barras.
1 esteira no chão.
3 cobertores.
Num deles, há um leão estampado. Um homem e um animal na mesma jaula.

À noite, discretamente, os prisioneiros tentam ler os pedaços de papel amassado que circulam. Dizem que, nos bairros negros do país, um abaixo-assinado exige a soltura de Mandela e seus companheiros. Milhares de estudantes assinam o documento pelos pais, que não sabem assinar.

1970

Ainda mais um ano.
Um ano na ilha Robben demora a passar. Um novo comandante é nomeado para dirigir a prisão. Ele é brutal. Abusa de sua autoridade. Às vezes, no meio da noite, revistas são realizadas. Os prisioneiros devem ficar enfileirados, nus, mãos contra a parede. Mandela se revolta. Com seus companheiros, ousa escrever uma carta ao ministro da Justiça para se queixar das condições penitenciárias.

1971

Da mesma forma que o vento do oceano adentra por entre as barras de aço, livros penetram pouco a pouco na prisão. Mandela lê muito. Estuda. Explica aos companheiros que é importante aprender o africâner, a língua dos brancos, é importante aprender tudo, até mesmo seus poemas. Os prisioneiros que foram à escola ensinam aos demais. Para escrever a palavra *liberdade*, Mandela explica que é preciso conhecer todo o alfabeto.

1972

O olhar de Nelson Mandela pode finalmente transpor os muros da prisão, os limites do penhasco de calcário. Agora ele trabalha nas praias da ilha, coletando guano, dejetos de aves usados como adubo.

Seus olhos imaginam o outro lado do oceano, os Estados Unidos, onde outros homens e outras mulheres também lutam por seus direitos. Uma dessas militantes negras, Angela Davis, que enfrentava a pena de morte, acaba de ganhar a liberdade.

Às vezes uma foca passa.
Um sorriso se abre.

1973

À luz do luar, Mandela escreve mensagens cifradas destinadas aos dirigentes clandestinos do CNA. Palavras saem da prisão na roupa suja ou no lixo. Algumas delas chegam ao amigo Oliver Tambo, que conseguiu fugir para a Grã-Bretanha.

Outras palavras também conseguem entrar, durante as raras visitas. Numa dessas ocasiões, Mandela é informado que Winnie acaba de ser novamente detida e condenada a seis meses de prisão, por ter deixado seu domicílio sem autorização.

1974

3 metros por 3.
6 barras.
1 esteira no chão.
3 cobertores.
10 anos de prisão já se passaram.
Mandela pede para ver Zindzi,
enquanto ela ainda é criança.
O cativeiro é um suplício.
A liberdade talvez não passe disto:
ver os olhos daqueles
a quem amamos.

Às vezes ele imagina uma fuga, mas para quê? Tem certeza de que lhe dariam um tiro nas costas. É preferível continuar vivo, para os filhos, para os 20 milhões de irmãos negros no país. E talvez também para todos os antirracistas do mundo.

1975

Um dia, um guarda grita no corredor: “Número 46664, para o locutório!” Winnie e Zindzi estão lá, finalmente, do outro lado do espesso vidro. Como estão bonitas, apesar do sofrimento... Como Zindzi cresceu em 11 anos!

Nos dias seguintes, Mandela começa a escrever suas memórias. Quer anotar tudo, não esquecer nada. Seu amigo Walter incentiva-o. Por segurança, escreve duas vezes: uma cópia é enterrada no pátio da prisão, a outra, ele tenta fazer com que atravesse os muros. Zindzi deve saber tudo. E o mundo também.

1976

Os prisioneiros conquistam o direito de plantar tomates e pimentas em velhos galões de gasolina. Mandela pede que todos recolham os restos das refeições para alimentar a terra. Quando uma planta morre, ele a enterra. Quando uma fruta nasce, ele retoma o gosto pela vida.

Do lado de fora, a revolta cresce. Em 16 de junho, os adolescentes do bairro popular de Soweto rebelam-se contra uma nova lei, que os obriga a falar a língua dos brancos. A polícia abre fogo. Dezenas e dezenas de jovens são mortos a tiros. Milhares são feridos, detidos e presos.
O mundo inteiro está chocado.

Um grande número de jovens presos políticos chega à ilha Robben, vindos de Soweto ou de outras favelas negras rebeladas. Todos querem ver o "senhor" Mandela para conversar sobre o futuro. Coincidentemente, agora ele dispõe de um pouco mais de tempo. A Cruz Vermelha internacional conseguiu melhorar o cotidiano da prisão: o trabalho não é mais obrigatório. Aos sábados, um filme. Aos domingos, uma missa.

1977

1978

Mais um dia na prisão, mais uma noite na prisão. Às vezes, a esperança de uma carta aquece o dia. Às vezes, um pesadelo congela a noite: imagina-se saindo da prisão sozinho, sem ninguém à sua espera, voltando a pé para sua casa em Soweto, vazia...

No dia 18 de julho, Mandela é rodeado por seus companheiros, que festejam seu 60º aniversário oferecendo-lhe uma grande fatia de pão em lugar do bolo tradicional.

Cada pequena vitória traz um pouco de esperança: agora todos os presos, sem distinção de cor de pele, têm direito à mesma refeição.

Dizem que o mundo se comove cada vez mais com o que se passa na África do Sul...

1980

A privação de liberdade impõe diversas humilhações. A correspondência passa pelas mãos de um censor, que torna ilegíveis todas as frases contrárias às leis do país. O que não os impede de saber que militantes conseguiram incendiar as cisternas de uma refinaria de petróleo...

1981

Os anos pesam.
Pesa o peso de uma cela de 3 metros por 3.
Pesa o peso de 6 barras de aço. Em sua cama, que finalmente substituiu a esteira, Mandela adquiriu o costume de fazer contas. Conta em dias, em passos, em semanas, em refeições, em primaveras perdidas. Conta e torna a contar seus 3 cobertores, que ele terminaria quase amando. Conta o número de interrogatórios que sofreu. Mas não se deixa deprimir nem pelo medo nem pelas contagens desesperantes: resiste. O pequeno leão dentro dele amansou ao longo dos anos.

1982

Certa manhã de março, no fim do verão austral, ordenam a Mandela que junte suas coisas depressa. Com seu amigo Walter Sisulo e alguns outros companheiros, ele deixa a ilha Robben e vai para o presídio de segurança máxima de Poolsmoor, na Cidade do Cabo. Lá dividem a mesma cela, mais confortável. Há lençóis. Um chuveiro.

Esses homens teriam finalmente conseguido inspirar um certo respeito? No país, o poder branco sobrevive a duras penas. Inúmeros militantes do CNA são assassinados, em casa, na rua, até mesmo nos países vizinhos onde se refugiam.

Mandela e seus companheiros de cela conversam muito. Sonham unir não só negros, mestiços e indianos, mas também os brancos antirracistas. Os que creem e os que não creem, os velhos militantes e os muito jovens...

Nesse meio-tempo, o presidente Pieter Botha decide criar três parlamentos: um para os brancos, um para os mestiços e outro para os indianos... Os negros continuam excluídos.

1983

1984

Enfim! Nelson, Winnie e a filha Zenani com seu bebê recém-nascido são autorizados a se abraçarem. Já se vão 21 anos que Mandela não pode tocar num membro de sua família. Winnie relata o seu sofrimento, as preocupações na creche onde trabalha, as ações militantes. Zenani redescobre o pai, que não lhe acariciava o rosto desde o seu aniversário de 6 anos...

Mandela lê na imprensa que o mundo inteiro pede a sua libertação. O presidente Botha propõe um acordo: em troca da liberdade, Mandela deve fazer um comunicado renunciando às ações violentas. Mandela responde numa carta, que Zindzi, sua filha caçula, lê perante milhares de pessoas reunidas no estádio de Soweto. Ele recusa: "Apenas homens livres podem negociar! Não posso dar nenhuma garantia se nem eu nem o povo somos livres!"

1985

1986

Mais outros 365 dias.
Às vezes, nas noites de verão, a cantoria irrompe nas celas. Mandela e seus companheiros juntam suas vozes às dos outros presos. O coro parece erguer-se acima dos telhados da prisão, como se a estação da liberdade estivesse próxima.

Do lado de fora, a luta continua. Pieter Botha decretou estado de emergência. 26 mil militantes anti-*apartheid* são detidos e aprisionados.

1987

Mandela conquista o direito de assistir televisão uma vez por dia. Toma conhecimento de que, finalmente, foi abolida a lei que obrigava os negros a precisar de um passaporte para se deslocar dentro de seu próprio país! Manifestações em Roma, Paris, Nova York aos brados de "*Free Mandela!*", "Libertem Mandela!". Oliver Tambo e os amigos refugiados na Europa agem para esclarecer a opinião pública.

O governo sul-africano treme. Tenta negociar com Mandela. Encontros secretos são realizados.

1988

Mandela é hospitalizado com tuberculose. É o ano do seu 70º aniversário. 70 mil jovens vindos de toda a Europa reúnem-se no estádio de Wembley, em Londres, para um gigantesco concerto, durante o qual lhe desejam "feliz aniversário" e exigem sua libertação. Mandela é transferido para outro presídio.

Não é mais numa cela, e sim numa casa que Mandela é instalado, atrás dos muros do presídio Victor Verster, nas imediações da Cidade do Cabo. Homens vigiam-no de longe, e microfones, de perto. Mandela recebe muitas visitas agora. Seus companheiros podem juntar-se a ele para conversar. É consultado por ministros.

Pieter Botha renunciou e o novo presidente, Frederik De Klerk, sabe que não tem escolha: deve imaginar uma nova África do Sul, com Nelson Mandela e seus companheiros do CNA.

Parques e praias são abertos aos negros.

1989

1990

Após mais de 27 anos de prisão,
mais de 10 mil dias,
10 mil noites de confinamento,
Mandela é informado da
decisão do presidente De Klerk:
"Amanhã de manhã, o senhor
será solto, sem nenhuma
condição. Todos os partidos
políticos serão legalizados,
o CNA pode prosseguir com
suas atividades à luz do dia.
Todos os presos políticos serão
libertados..."

É no dia 10 de fevereiro de 1990, às 16 horas,
que Nelson Mandela transpõe como homem livre
as grades da prisão Victor Verster.
Winnie está presente. O amigo Sisulu também.
Tudo que Mandela queria era cumprimentar seus guardas
pela última vez e voltar para casa...
Mas dezenas de milhares de sul-africanos
o esperam à saída da prisão.
E são outros tantos na grande praça da Cidade do Cabo,
onde ele se dirige à multidão pela primeira vez.
"*Freedom*", "Liberdade".

Eles partiram ao raiar do dia,
a pé, de todas as favelas dos arredores.
Cantam, riem, gritam: "*Amandla*",
que significa: "O poder é nosso!"
Não acreditam. Choram.
Brancos também choram de alegria.
Com o punho erguido, Mandela vive esse grande
momento com muita dignidade.
Lembra-se de todas as suas lutas, dos pais...
Sorri, é ele agora que está com os cabelos brancos!

A partir de amanhã, será preciso mudar tudo no país,
unidos, sem ódio
e sem espírito de vingança.

Aos poucos, novas leis vão sendo criadas
e, em 27 de abril de 1994, negros, brancos, mestiços
e indianos podem finalmente votar.
"One man, one vote!", "Um homem, um voto!".
O sonho virou realidade:
agora cada voz conta na escolha do futuro presidente.
As mãos tremem ao depositar os votos nas urnas.
Todos saboreiam esse instante comovente,
que um dia será contado a seus netos.

As urnas proclamam Nelson Mandela
o primeiro presidente negro
da África do Sul.

Mandela, Sisulu, Tambo e todos os seus amigos
põem-se ao trabalho.
Construir uma nação arco-íris
significa transformá-la num imenso canteiro de obras!
Em primeiro lugar, água e eletricidade nas favelas,
escolas, remédios, liberdade...
E respeito. Respeito pelas populações negras
humilhadas durante séculos.
Mas respeito igualmente pelos brancos,
cuja história acaba de dar uma guinada.

O tempo passa muito rápido
e quando, em 1999, Mandela, aos 81 anos,
abre mão de governar a África do Sul,
ainda resta muito a fazer.
O desemprego e a miséria não desapareceram.
Os negros ainda são os que mais sofrem...
Mas a reconciliação entre negros e brancos
está bem encaminhada e a cor da pele
não é mais uma vergonha
nessa terra africana.

Quando, em 5 de dezembro de 2013,
Nelson Mandela dá o último suspiro,
toda a África
e todos os povos do mundo
manifestam profundo
pesar.

Nelson Mandela, "Madiba" como o chamava
afetuosamente seu povo,
repousa hoje num jardim tranquilo
da aldeia de sua infância.

Suas palavras e sua memória
continuarão por muito tempo a murmurar
às mulheres, aos homens e às crianças
do mundo inteiro
que todo ser humano fica mais rico
com as cores de todos os outros.

Nelson Mandela
e a África do Sul

PARA COMPREENDER MELHOR

Nelson Mandela, presidente, com crianças mestiças e indianas.

Hoje, na África do Sul, legalmente não há mais distinção entre os cidadãos em função da cor da sua pele. Assim, a escola é aberta a todos. No entanto, são bem poucos os brancos que frequentam as escolas dos bairros negros. E a matrícula numa universidade custa quase dois anos de salário de um trabalhador negro...

A África do Sul em 10 palavras-chave

Mapa da África do Sul
Escala: 1cm = 350km

Apartheid

Desde que conquistaram as terras sul-africanas, os brancos desprezaram e exploraram os negros. Criaram leis segregacionistas para impor sua dominação.

Em 1948, o Partido Nacional, um partido racista branco, venceu as eleições e implantou o regime do *apartheid*. Essa palavra, que significa "viver à parte" na língua africâner, ilustra bem a barreira erguida pela lei entre os negros, que constituíam a maior parte da população, e a pequena minoria branca que governava. Hospitais, ônibus, vagões, escolas e até bancos públicos eram reservados aos brancos, e as pessoas de cor eram proibidas de circular livremente pelo país. O sistema do *apartheid* foi oficialmente abolido em 1991, após a libertação de Nelson Mandela e de seus companheiros do CNA.

CNA

Esta é a sigla do Congresso Nacional Africano, a organização política de Nelson Mandela. O CNA foi criado em 1912 para representar os interesses dos negros face à dominação dos brancos. Proibido entre 1960 e 1990, hoje é amplamente majoritário na África do Sul. Eleito em 2009, o presidente da República, Jacob Zuma, é um de seus líderes.

Colonização

A partir de 1652 os europeus instalaram-se na África do Sul, a fim de explorar as riquezas de seu subsolo. Os holandeses primeiro, depois algumas centenas de famílias francesas e, a partir de 1806, milhares de britânicos. Ao longo de todo o século XIX, a Grã-Bretanha impôs sua presença graças à superioridade militar. A África do Sul só se tornou uma república independente em 1961. Foi governada pelos africâneres, brancos descendentes dos primeiros colonos.

Economia

Graças a seu subsolo, a África do Sul é a primeira potência econômica africana. É um dos principais produtores mundiais de ouro, platina e diamante. Em contrapartida, o índice de desemprego atualmente é de quase 25%, e parcela significativa da população vive abaixo da linha de pobreza. Essa situação constitui um fator de criminalidade preocupante para a população.

Esperança

Atualmente, cerca de 40% da população tem menos de 18 anos. Os jovens esperam novas grandes mudanças, que façam a miséria recuar rapidamente e terminem com o flagelo da aids. Um sul-africano em cada dez é portador do vírus. Mas é também para terminar com os preconceitos entre as diversas comunidades que o país deve continuar a trabalhar.

Geografia

A África do Sul está situada na extremidade sul do continente africano. Sua capital é

Pretória e as cidades mais importantes são a Cidade do Cabo, Joanesburgo e Durban. As paisagens naturais são variadas e, das regiões montanhesas às zonas costeiras, contam-se mais de 5 mil espécies animais ou vegetais únicas no mundo.

A bandeira nacional, que data da eleição de Nelson Mandela em 1994, reúne simbolicamente seis cores para representar a diversidade da população, sua história e a riqueza de seus recursos naturais.

Línguas

Correspondendo ao arco-íris cultural que compõe a população sul-africana, a Constituição do país reconhece 11 línguas oficiais. As duas principais são faladas pelos negros: o zulu e o xhosa, língua materna de Nelson Mandela. A terceira é o africâner, língua dos africâneres, os descendentes dos antigos colonos brancos. O africâner é derivado do holandês antigo. Mas no mundo dos negócios utiliza-se o inglês.

É bem perto desse rio, ao largo da Cidade do Cabo, que está a ilha Robben e seu presídio. Hoje, o país está aberto ao mundo e um gigantesco estádio foi construído para abrigar a Copa do Mundo de Futebol realizada em 2010.

População

A África do Sul possui cerca de 50 milhões de habitantes: 80% de negros, 10% de brancos, o resto da população sendo formado por mestiços e uma pequena minoria indiana. É na população negra que encontramos, ainda hoje, os níveis mais altos de miséria.

Reconciliação nacional

Após mais de 40 anos de *apartheid*, era urgente trabalhar para curar as feridas da história. Foi o que empreendeu o presidente Nelson Mandela ao criar a "Comissão de Verdade e Reconciliação". Vítimas e culpados de ambos os lados foram convocados a se exprimir. Uns relatando os fatos, outros pedindo perdão por seus erros, o que lhes permitia beneficiar-se da anistia. Foram julgados apenas os que se recusavam a evocar seu passado. Essa iniciativa serviu de modelo para outros países onde conflitos importantes dividiram a população.

Townships

Assim são chamadas as zonas habitacionais construídas em torno das principais cidades, bastante semelhantes às favelas brasileiras. Nasceram como guetos, onde, durante a vigência do *apartheid*, os negros eram agrupados. Hoje, as *townships* acolhem quase 40% da população das grandes cidades do país. Todas têm acesso à água potável e à eletricidade. O ambiente melhorou, mas a pobreza continua a reinar nessas comunidades habitadas exclusivamente por negros.

Desde 1994, a nova bandeira da África do Sul reúne todas as cores que evocam o país, num grafismo que ilustra a convergência de dois caminhos.

As datas da vida de Nelson Mandela

Nelson Mandela, jovem estudante, treinando boxe.

Família vivendo em uma township *nos anos 1970.*

Uma manifestação de desobediência civil em 1955: jovens negros ocupam, de forma simbólica, um vagão reservado aos brancos.

- **18 de julho de 1918:** uma nova criança nasce na casa do chefe da aldeia de Mvezo, no Transkei, região costeira da África do Sul. Seus pais o chamam de Rolihlahla, que, em língua xhosa, significa aquele que "puxa o galho da árvore", ou, mais coloquialmente, "criador de caso".
- **1925:** no seu primeiro dia na escola, o menino é obrigado a trocar seu prenome de nascimento por um prenome britânico: Nelson. Ao longo da vida, contudo, também será chamado de Madiba, do nome de seu clã tribal, e bem mais tarde... presidente Nelson Rolihlahla Mandela.
- **1927:** Nelson tem apenas 9 anos quando seu pai morre de tuberculose. Foi ele quem, não sabendo ler nem escrever, fez de tudo para que o filho pudesse frequentar a escola. O chefe de Mqhekezweni, uma aldeia vizinha, torna-se o tutor de Nelson. Cria-o como a seus próprios filhos.
- **1937:** Nelson Mandela é um ótimo aluno. Aos 19 anos, matricula-se na Universidade de Fort Hare para cursar Direito. Único estudante negro de sua turma, não tem acesso à cantina nem às quadras de esporte. Durante esse período, conhece aqueles que serão seus amigos mais próximos pelo resto da vida: Walter Sisulu e Oliver Tambo.
- **1938:** Nelson é expulso da universidade por ter organizado uma ação militante. Trabalha em uma mina, uma agência imobiliária, e depois retoma os estudos.
- **1943:** Mandela participa de uma primeira grande ação na sua *township* de Alexandra.
- **1944:** Nelson Mandela casa-se com Ntoko Mase e instala-se em Soweto, uma imensa *township* no subúrbio de Joanesburgo. Juntos, terão quatro filhos.
- **1944:** Mandela, Tambo e Sisulu filiam-se ao CNA (Congresso Nacional Africano). Criam

uma seção para os jovens, a fim de tornar a organização mais dinâmica e eficaz.

- **1948:** com a chegada do Partido Nacional ao poder, uma série de leis segregacionistas instaura o regime do *apartheid*. Negros, mestiços e indianos são privados de inúmeros direitos.
- **1951:** Nelson Mandela e Oliver Tambo são os dois primeiros advogados negros de Joanesburgo.
- **1952:** Mandela é eleito vice-presidente do CNA. Sensível às teses de desobediência civil do líder indiano Gandhi, organiza ações não violentas para combater o *apartheid*. Ele trabalha para unir todas as forças antirracistas, entre elas os militantes brancos do Partido Comunista, os sindicatos e os movimentos de mestiços e indianos.
- **1958:** depois de se divorciar, Nelson Mandela casa-se com Winnie Madikizela, militante do CNA. Com ela, terá duas filhas, Zenani e Zindzi.
- **21 de março de 1960:** 69 jovens manifestantes negros são abatidos pela polícia na *township* de Sharpeville. A ONU oficializou essa data como o dia mundial contra a discriminação racial.
- **Verão de 1960:** face ao número crescente de vítimas inocentes mortas pela polícia, o CNA decide criar um braço armado: Umkontho We Sizwe, que significa "a lança da nação". Essa organização multiplica as ações de guerrilha contra os prédios mais simbólicos do regime do *apartheid*. O CNA é considerado ilegal. Mandela e seus amigos entram na clandestinidade.
- **5 de agosto de 1962:** Mandela é detido e condenado a 5 anos de prisão.
- **1964:** por ocasião de um segundo julgamento, conhecido como "o julgamento de Rivonia", Nelson Mandela é novamente processado por sabotagens e atentados, junto com outros companheiros, entre eles Walter Sisulu. Condenados a prisão perpétua e trabalhos forçados, são encarcerados na ilha Robben.
- **16 de junho de 1976:** dezenas de jovens manifestantes são mortos em Soweto. Fala-se em 500 vítimas. A opinião pública fica chocada. Em todas as partes do mundo, clama-se pela libertação de Mandela e o fim do *apartheid*. As manifestações se multiplicam, e até produtos originários da África do Sul são boicotados.
- **1985:** o presidente Pieter Botha propõe libertar Mandela, com a condição de que ele exija o fim das ações violentas. Mandela recusa, numa vibrante mensagem lida por sua filha Zindzi, no estádio de Soweto.
- **1989:** o novo presidente, Frederik De Klerk, constata o alcance do protesto mundial. Inicia negociações com o CNA para tentar tirar o país do impasse.

No alto: Uma jovem é carregada, vítima da violência policial contra uma manifestação pacífica em Soweto, em 1976.

Embaixo: Uma das raras fotografias tiradas no interior da prisão da ilha Robben. Nelson Mandela é o terceiro, a partir do fundo, na fila da direita.

- 11 de fevereiro de 1990: Mandela está livre! O anúncio provoca uma imensa alegria em todas as *townships* do país. O acontecimento é transmitido ao vivo pela maioria das tevês do mundo. Todos os presos políticos são libertados e o CNA é legalizado.
- 1991: As leis do *apartheid* são abolidas. Mas o país ainda é palco de sofrimentos e violência. Ajustes de contas fazem numerosas vítimas entre brancos e negros. Nelson Mandela separa-se de Winnie.
- 1993: Mandela e De Klerk, que trabalham juntos na reconciliação nacional, dividem o Prêmio Nobel da Paz.
- 27 de abril de 1994: primeiras eleições livres no país. Os negros votam pela primeira vez na vida. Desde então, esse dia é feriado na África do Sul. O CNA vence a eleição com 63% dos sufrágios.
- 10 de maio de 1994: Mandela é oficialmente empossado como presidente da República. Manifesta seu orgulho por dirigir "uma nação arco-íris, em paz consigo mesma e com o mundo".
- 1998: no dia do seu aniversário de 80 anos, Nelson Mandela casa-se com Graça Machel, viúva do ex-presidente de Moçambique, aliado do CNA.
- 1999: Nelson Mandela, aos 81 anos, decide não tentar a reeleição para presidente da República. Agora quer descansar, apoiar causas humanitárias e receber personalidades que desejam se encontrar com ele.
- 5 de dezembro de 2013: aos 95 anos, Nelson Mandela morre em sua residência de Joanesburgo, causando grande comoção em todos os continentes. Madiba repousa agora na pequena aldeia de Qunu, onde passou boa parte da infância.

Nelson Mandela, sua mulher Winnie e alguns de seus companheiros na saída da prisão, em 11 de fevereiro de 1990.

Nelson Mandela deve ter feito de tudo para convencer seus amigos de que era imperativo estender a mão aos brancos. Por ocasião da Copa do Mundo de Rúgbi de 1995, lutou para que todo o país apoiasse a seleção nacional, os Springboks, mesmo tratando-se de um esporte praticado essencialmente por brancos. O momento da entrega do troféu ao capitão François Pienaar pelo presidente Mandela ficou gravado para sempre na memória.

A emoção

O anúncio da morte de Nelson Mandela espalhou uma grande tristeza pelo mundo. Quarenta mil sul-africanos compareceram aos seus funerais no estádio de Soweto, cantando e dançando para se despedir do "pai da nação". Governantes de mais de 50 países participaram dessa homenagem, quando Barack Obama, presidente dos Estados Unidos, exortou a todos a "procurar dentro de si a grandeza espiritual de Nelson Mandela".

A herança de um gigante

Ao longo de 27 anos de detenção, Mandela costumava recitar esses versos do poema "Invictus", de autoria de William Ernest Henley:

Pouco me importa a estreiteza dos caminhos,
Os penosos castigos em minha senda,
Sou senhor do meu destino.
Sou capitão da minha alma.

E Mandela mostrou como era possível, com uma vontade de ferro, mudar o curso da história. A todos os que sonham com a abolição das injustiças, ele também gostava de repetir: "Isso parece impossível... até que se realize!" Mestre da reconciliação, Nelson Mandela deixou, no caminho dos seres humanos, uma pedra multicolorida que ainda os guiará por muito tempo.

Mandela entra para a história

Homenagem esportiva antes da partida de futebol entre Bayern de Munique e Manchester City, em 10 de dezembro de 2013, em Munique (Alemanha): "Madiba, o mundo nunca o esquecerá."

Grupo de crianças homenageia a memória de Mandela, em Islamabad, no Paquistão.

Duas jovens sul-africanas depositam seus desenhos entre flores para que "Tata" Mandela ("papai" na língua da tribo de Nelson Mandela) repouse em paz.

Grafia atualizada segundo o Acordo Ortográfico da Língua Portuguesa de 1990, que entrou em vigor no Brasil em 2009.

Título original
Mandela: L'Africain multicolore

Créditos das fotos
p.55: Stoddart/REA
p.56 (no alto): Julia Cumes/Gamma
p.57: Gallo/Foto24/Camerapress/Gamma/Eyedea presse
p.58 (no alto, à esquerda): 2109/Gamma/Eyedea presse
p.58 (no alto, à direita): L'humanité/Keystone
p.58 (embaixo): Keystone
p.59 (no alto): London-express/Gamma
p.59 (embaixo): 2109/Gamma/Eyedea presse
p.60 (no alto): Alexander Joe/AFP
p.60 (embaixo): Jean-Pierre Muller/AFP
p.61 (no alto): Martin Rose/Getty Images/AFP
p.61 (embaixo, à esquerda): Stéphane de Sakutin/AFP
p.61 (embaixo, à direita): Metin Aktas/Anadolu agency/AFP

CIP-Brasil. Catalogação na fonte
Sindicato Nacional dos Editores de Livros, RJ

Serres, Alain, 1956-
S51m Mandela: o africano de todas as cores/desenhos Zaü; tradução
2.ed. André Telles. – 2ª ed. atual. – Rio de Janeiro: Pequena Zahar, 2014.
il.

Tradução de: Mandela. L'Africain multicolore.
ISBN 978-85-66642-32-2

1. Mandela, Nelson, 1918 - Literatura infantojuvenil. 2. África do Sul - Presidentes - Biografia - Literatura infantojuvenil. I. Título.

CDD: 923.1
14-6804 CDU: 929:320

2ª edição atualizada
11ª reimpressão

EDITORA PEQUENA ZAHAR
Praça Floriano, 19, sala 3001 – Cinelândia
20031-050 – Rio de Janeiro – RJ
☎ (21) 3993-7510
companhiadasletras.com.br/pequenazahar
/pequenazahar
@pequenazahar
/CanalLetrinhaZ

SOBRE O AUTOR

Alain Serres nasceu em Biarritz, na França, em 1956. Foi professor de jardim de infância durante treze anos e hoje dirige a Rue du monde, editora de livros infantis que criou em 1996. É autor de mais de oitenta títulos para crianças.

SOBRE O ILUSTRADOR

Zaü nasceu em Rennes, na França, em 1943. Estudou artes gráficas na École Estienne, em Paris, e começou a publicar em 1967. Já ilustrou mais de setenta livros infantis.

FSC
www.fsc.org
MISTO
Papel | Apoiando o manejo florestal responsável
FSC® C005648

A marca FSC® é a garantia de que a madeira utilizada na fabricação do papel deste livro provém de florestas que foram gerenciadas de maneira ambientalmente correta, socialmente justa e economicamente viável, além de outras fontes de origem controlada.

ESTA OBRA FOI COMPOSTA EM ITC OFFICINA SANS E IMPRESSA EM OFSETE
PELA GRÁFICA SANTA MARTA SOBRE PAPEL COUCHÉ MATTE DA SUZANO S.A.
PARA A EDITORA SCHWARCZ EM MARÇO DE 2025